양산 명곡 옛날 옛적에

양산시 물안뜰 마을 상여소리 행사 시낭송

2013년 봄호 신인 문학상 수상

배내골 허브랜드 선우문학사랑 시낭송

대한민국 국회의사당 방문

2013년 12. 한국청옥문학상과 신인상

2013년, 3월 계간지 봄호 출판식 남편과 함께

신인문학상 시상식 때

# 내 가슴에 머물 그대

유 진 숙 시집

도서출판 청옥문학사

## 시인의 말

세월의 흐름 속에 아픔과 꺼져가는 촛불 같은 심지로 나는 일어섰다.

가난과 아픔이 내 마음을 짓누를 때마다 나에게 가장 힘이 되어준 건 한 편의 작은 씨앗 같았던 詩語였다. 어둠 속에 묻어 꽃도 피어 보질 못하고 사라질 뻔한 것이 이렇게 세상 밖으로 나와 하얀빛을 보는 아침 햇살 같은 모습이다. 항상 어려움 닥쳐올 때마다 포기하지 않고 한 편씩 노트에 기록하고 컴퓨터 속에도 기록하였던 글은 내 꿈을 담아준 희망의 빛이었다. 마음이 무겁고 어깨 처질 때마다 음악 속으로 깨알 같은 한 편의 글로 적어 사이버 공간 속으로 많은 독자와 친분을 쌓으며 조금씩 마음에 안정도 찾아가며 그렇게 적어 놓았던 여러 편의 글을 한곳으로 모아 나의 첫 시집을 출간한다.

질퍽한 세상의 삶이 호되지 못하여도, 내 영혼이 깨어있는 단어 하나하나에는 소중한 내 시간이 담겨 있어서 동반자의 역할을 소화한 것 같다.

아직은 나의 시어들이 풋과일처럼 설익었지만 시간이 흐르면 맛과 향기가 어울려져 진한 맛을 우려내지 않을까 생각하며, 이렇게 나의 마음속에 축복을 주신 한국청옥문학예술인협회에 깊이 감사드리며, 그리고 언제나 나의 글에 조언과 격려해 주신 두 분, 임종성 문학박사님과 청옥문학사 대표인 최경식 회장님께 깊은 감사 인사 올립니다. 더욱 정진할 수 있도록 많은 관심과 배려를 아끼지 않았던 나의 남편 김규은 님께 고마움 전하며, 또한 내 움직이는 자동차가 되어 비가 오나 눈이 오나 부르면 달려와 준 고마운 강동환 수필가 친구님에게도 고마운 마음을 드리고 싶습니다. 그리고 가깝든 멀든 문학에 뜻을 같이하시는 소중한 분들께도 감사의 마음을 전합니다.

2014년 3월 1일
저자 유진숙

●● 목 차



제 1 부

## 가을 낙엽들

제 2 부

# 깊은 밤이 오면

## 제 3 부

# 당신의 웃는 모습

제 4 부

## 비 오는 날

제 5 부

## 아침의 마음

제 6 부

# 짝사랑

# 제 1 부

# 가을 낙엽들

# 가을 낙엽

하나 둘 모두 잊혀가는 바람처럼
비워도 아직도 남아 있는 찌꺼기
근심도 걱정도 아픔도
낙엽으로 지고 가니
언제쯤 허전한 가슴 말할 수 있을까

차갑게 불어오는 칼바람에 뒹군 낙엽들
파란 날의 추억도
아름다운 슬픈 전설

갈 길이 바쁜 날에도
묻어야 할 사연들
서서히 조금씩 바람결에
날려 보내고

슬픔보다 기쁨이 많은 날을 기억하며
빠스락 소리를 내는
낙엽들이 뒹구는 해 질 녘
아픈 추억들 모두 바람에 날려 보내련다.

# 가을 바다

빨간 기둥 하얀 기둥
푸른 바다 돛 길을 밝혀주는
길잡이로 하얀 미소 건네며

푸른 하늘과 손잡고
임의 마음에
수채화로 물들이고

망막 속에 하나의 사랑
점 꼭 찍어
하얀 파도 물거품까지

바다 먼 수평선 끝자락에
품어 안을 수 있는 깊은 바다에
해 오름을 담아보련다.

## 가을 햇살

동쪽 작은 마을
날마다 찾아오는
희망과 사랑을 담아

파란 하늘과 쪽빛 바다와 함께
찾아오는 반가운 친구

웃음으로 행복을 전해주고
즐거움을 표현해주는
모나리자 같은
포근한 모습으로

가을 단풍으로 치장을 하여도
언제나 옆에 있는
희망과 사랑의 전도사 같은 임.

# 가을 향기

솔솔 부는 바람의 노래
수양버들 한들한들 춤추는
모습에 흠뻑 취하며

넓은 들녘에
내 눈빛 마주치는 그곳
사랑하는 이와 함께
오붓한 발자취 남기며
향기에 흠뻑 젖는다

이 계절 마지막 길목까지
변색하는 단풍 곁으로
한 발 두 발 내딛고
사랑하는 이와 함께
낙엽 따라 걷고 싶다

가을 햇살에 물든 낙엽
하늘거리는 둑길
그대와 손을 꼭 잡고
오솔길의 추억을 만들고 싶다.

# 가을비

비가 부슬부슬 내리는 가을 하늘에
보일 듯 말 듯 작은 사랑 눈물샘이 터져
가을비 소리는 점점 멀어져 가는데

푸르던 하늘은 더욱 찌푸려
심술을 부리듯
눈물샘을 자극하여 비를 뿌린다

뜨거운 심장 속에 흐르는 선홍색 피는
가을비가 거칠어져도 식지 않고
구름 위 푸른 하늘 찾아 솟아오른다

세상의 애환은 사랑과 현실이라던
그 한마디가 꽃으로 피어
당신 가슴에 닿도록 두 손 모은다.

# 거울 속에 나

아침에 일어나
내 곁에 반사되는 거울 속에 나
하얀 햇살 속에 비춘 모습은
청초한 난초 같다

긴 생머리, 까만 피부
흑진주 같은 탄력은
거울 속에 비친 내 모습

손을 잡고 마음 그려 보아도
거울 속에 비친 하얀 햇살의
투명한 내 모습은
거울 속에 숨어있는 보석 같다.

# 겨울비는 내리고

겨울에 비가 떨어지니
눈雪이 되어 내리지 못하고
비가 되어 내린다

무엇이 이렇게 슬픈지
차디찬 겨울에
비가 줄기차게 내려
어디로 흘러갈지

한밤중에도 하염없이
내 창가에도 하염없이
줄줄 흐르는 저 빗줄기

소리 없이 우는 빗줄기보다는
온 세상 덮어
온 세상 사람이 먹어도 남을
하얀 백설기가 그리워지는 밤夜이다.

## 겨울의 그리움

은하수가 초롱초롱한 겨울
뇌리에 떠오르는 것은
그대 생각

습관처럼 눈 감으면 떠오르는
그대의 모습
내 앞에 와 있음이
바람으로 느껴집니다

찬 이슬 맞은 그리움의 정
따뜻한 열 공기로 녹여서
품속에 앉게 해 주어요

별빛 같은 환한 웃음
세월 속에 묻혀버린 추억의 시간
사랑의 종착역은 어디쯤일까?

## 고향의 강

이별의 강물 참아도 막을 수 없고
유유히 흘러가는 푸른 강물이라
한 줌의 흔적도 남기지 않고

세상과 등져야 하는 인생
지치도록 울어도 저 푸른 강물
인생이 아무리 짧아도 그 아픔은 짧아지지 않아
조용히 아픔을 안고
눈물이 비가 되어 또 강으로 흘러간다

아 보아라!
저 흐르는 강물
아픔 마음들이 모여 저렇게 굽이굽이 휘몰아 흘러도
눈물샘은 마르지 않고 이별은 연속하는 것을
무엇으로도 대신 할 수 없는 이별 앞에
눈물은 강물로 변해 간다.

# 광안리 밤바다

백사장에서 너울 파도 바라보고
낭만의 음악축제는 기쁨을 만들며
너울너울 춤춘다

꽃송이처럼 귀여운 꼬마 아가씨
빈센트 노래 리듬에 영혼을 달래듯
흥겨운 리듬에 어깨춤을 둥실 둥실 추네

화려한 조명 사이로
반짝이는 꼬마 숙녀
엄마 귀에 속삭인다

엄마 볼에 뽀뽀하는 아기천사 모습처럼
바다를 가로지르는 광안대교에
오색의 불빛은 환상을 부르는
광안리의 자랑이다.

# 그대 그리움

하얀 새털구름 깔려도
먹구름이 있어도
당신을 그리워할 수 있는
순간이 참으로 행복합니다

하늘을 보고 땅을 보아도
푸름이 짙은 나뭇잎을 바라보아도
당신 얼굴만큼 신선하지 못합니다

꽃이 아름다워도
당신 마음만큼 아름답지 못합니다
당신의 따뜻한 눈빛을 피할 수 없을 만큼
강렬한 눈빛은
달리는 말에 말채찍을 든 기수보다 멋져 보입니다

높은 구름을 잡는 마음으로
오늘도 변함없이
당신을 많이 그리워한 날
초침이 흔들릴 때마다
하루가 지나고 한 달이 지나도
내 마음속에 쌓여가는 그대 그리움
숲 속의 이방인들 모습처럼 다가옵니다

온 우주에
그대 향한 그리움
그대와 작은 연못 사랑
마음에 향기로 띄워보렵니다.

# 그대 그리움으로

푸른 호수를 바라보니
그리운 마음이 꿈틀거려
낯섦도 푸른 물빛 속에
정겨운 호수로 변해 간다

비를 맞고 비바람 불어
가랑잎 마디마디마다
이슬 머금어도
가을바람에 한들한들 풀잎에 젓는다

그대 향한 그리움
호수 위에 넘쳐 흘러
수정같이 맑은 그대 눈망울처럼
그리움은 보고 싶음으로 변하여도

세상에 벗겨지는 가면 아래 어떤 것이 있어도
그대에게 느껴지는 것은
촉촉한 그리움에 대한 내 마음일 뿐
그대 향한 그리움을
저 푸른 호수 밑으로 흘려보낸다.

# 그대 기다리다

오늘도 그대 오시는지
창밖으로 눈이 돌아갑니다
혹시 바람결에
그대 향기 느낄 수 있다면

그대 아시나요
꿈속까지 그대 기다리는 마음을!
뼛속까지 스며드는
그대 그리운 마음을

창가에 앉아
높은 푸른 하늘 바라보다
목이 메 두 눈에 눈물이 고여
고운 얼굴이 눈물범벅이 되었어요

그대 기다리다
몸도 마음도 지쳐
떨어져 가는 나뭇잎 되어
쌓여갑니다.

# 그대 마음에 평화가

그대 삶과
내 행복은 모두
그대로 인하여 이루어지는
작은 평화의 웃음

그대 삶에 희망 있으면
내 기쁨은 모두
그대 마음에서 우러나오는
가장 값진 보석 같아요

그대 삶에 향기 있으면
내 사는 이유는
그대 손끝으로 만들어지는
작은 사랑입니다

그대와 나 사이에 믿음이 있어
서로 믿고 의지하며 사는 길은
기쁨과 웃음이 반반
사는 동안 행복하여라.

## 그대 만나는 시간

그대 만나는 시간은 소중하다
일과 중에 그리운 생각이 생기면
그대 있는 방향으로 가고 있다

이 세상 아픔과 힘이 들 때도
삶에 기쁨을 만드는 것은
그대를 만나러 가는 시간이다

마주 보며 미소를 짓고 추억을 만들며
손을 꼭 잡고 영화를 보는 시간은
사랑을 쌓는 가장 행복한 시간이다

새로운 세상에 갈 때까지
그대의 사랑을 만드는 시간은
바로 이 시간이다.

# 그대는 나의 별

떨리는 마음으로
그대를 불러보지만
나의 마음에 반짝이는 초록 별
작은 두뇌 속에 깊숙이 박혀버린
알 수 없는 당신의 무상無想이지만

보듬을 수 없어 안타까운 마음
여름은 조금씩 기울어져 가고
정원庭園 가득히 차오르는 것은
그대에 대한 그리움을 재촉하네

사랑만 전파하지 말고
슬픔도 아픔도 고뇌도
살짝 뿌려주어 느껴지는 향기는
지고지순한 사랑처럼
오래오래 초록별이 되어
내 마음속에 담아두련다.

# 그대와 나

겨울 눈꽃처럼 아름다운 그대
설한풍에 가슴이 얼어
빙산으로 변해도
그대는 단 하나뿐인 내 사랑이요

햇살 닮은 해맑은 미소로
묵묵히 나를 지켜주는
이 세상 단 한 사람
그리운 임으로 내게 다가선 그대

아무리 불러도 그립고
눈앞에 보이지 않을 땐
간절하게 보고 싶어지는
응어리진 가슴

인생길 함께 걷다가
서로 힘들고 괴로울 때
의지하는 친구처럼
내 생애 최고의 선물
그대와 나는 불사조입니다.

# 그대와 함께 짧은 만남

나의 창가에 웃음 가득한
고운 햇살 드리우면
다정한 그대의 목소리가 나를 깨웁니다

그대와 나
짧지만 행복했던 시간은
늘 반복되는 일상이지만
그대가 있어 하루가 짧게 느껴집니다

기쁨으로 채워지고 행복으로 물들여진
초여름의 시작은
그대가 있어 희망적이고
낭만적인 고운 꿈을 꾸게 하는
오늘이 한없이 행복합니다

모래알처럼 수많은 인파 속에서
그대와 나의 소중한 인연은
내 가슴에 보석으로 남아 있어
영원히 빛나는 그대는

오늘도 나에게 살아야 할
가치와 행복을 주고 간 임

짧은 만남일지라도
뚝뚝 떨어지는 그리움의 소리가 들려
나는 그대가 있어
행복한 내일의 꿈을 가집니다.

# 그리운 마음

그대 그리워 열두 고개 넘어가니
내 발길 닿는 곳은
빽빽이 들어선 소나무 그늘에
비치는 반가운 햇살

그대에게
그리움의 향기라도 보내고 싶은
소박한 기도를 받아줄까?

그대 맑고 고운 음성
빛나는 눈빛, 촉촉한 앵두 입술
언제나 그리운 그대

그대를 향한 사랑의 느낌표는
어느 곳에 머물러도 변함없이
늘 푸른 상록수처럼
그대 가슴속에 자라나는
아름다운 꽃으로 피어나리라.

# 기장 부둣가

기장 부둣가를 들어서면
풍어를 노래하는
줄 잇는 고깃배

백열등 주렁주렁 매달린
비린내 진동을 하는
멸치잡이 고깃배엔
삶의 향기가 묻어나는 곳

어여차 디여차
리듬에 맞추어
잡힌 멸치 털어내는 희망의 소리

흥겹게 작업하는
검게 그을린 얼굴
어부들 춤사위엔 생기가 넘치고

팔팔 뛰는
은색 멸치 떼 춤사위는
어부들 언 손과 가슴을 녹인다.

제 2 부

# 깊은 밤이 오면

# 깊은 밤이 오면

정적이 감도는 어두운 깊은 밤이면
그대 보고 싶어
꿈속에라도 환상의 날개를 활짝 펴
그대 이마에 살며시 입맞춤합니다

밤하늘에 작은 별빛들이
내 발길 밝혀 준다면
언제든 그대 머문 곳으로 달려갑니다

밤이면 세레나데serenade 따라
사랑하는 그대 곁으로 다가가
그대 잠든 모습 바라보며 미소를 지으렵니다

깊은 그리움 앞세워
까만 밤을 하얗게 지새워도
그대만 가까이서 바라볼 수 있다면
난 어디든 그대 찾아 삼만 리라도 다가서고 싶습니다

그대 마음 머무는 곳에
내 마음만 언제나 대 곁에 있어
늘 마음이 허전한 것을.

## 깨끗한 마음으로

내 방에 찾아온 아침 햇살
취침 시간 어기고 잠을 자는 나를 깨우고
하늘처럼 높고 바다처럼 깊음을
알려 주는 신비스러운 자연의 법칙

흐르는 세월이
자꾸 아파지는 우리네 삶
고운 빛으로 다스리련다

사랑하는 사람에게
열정의 불길로 승화시켜
희망찬 도약으로 전진하련다

사랑한다는 것은
나의 삶의 기쁨이며
행복함이어라.

# 꿈

긴 꿈속
설렘으로 그대와 만남은
사랑의 꽃이 피어올라

이별을 아쉬워하듯
휑한 가슴 떨어뜨려
영롱한 아침 이슬의 한 방울처럼

헤어짐의 시간
눈물샘에서 볼을 타고
흘러내리니

긴 잠결에 부스럭 소리에 깨어
졸인 가슴 쓸어내리며
아! 꿈이었구나.

# 나의 하루

눈부신 햇살 속으로
가벼운 발걸음 뒤로 접고
사뿐히 걸어가는 아름다운 그대여
고운 햇빛 속에 나의 발자취를 남기고

오늘 하루
종종걸음으로
바쁘게 움직이며 세상 사람들 틈에서
나의 하루가 시작되어 갑니다

가벼운 인사 한마디
열심히 일해 잘살아 보자고요
간단한 덕담 한마디로

오늘 하루도
기뻐하는 사람들과
즐거워하는 사람들 속에서
하루가 시작되고
또 노을 속으로 하루가 저물고
우리들의 인생이 너무도 짧다는
생각이 듭니다.

# 남덕유산

무수한 하얀 눈길을 걷고  또 걸으며
온천지가 설야에 잠겨
겨울의 애상처럼
환상의 운치를 만들어주는 남덕유산

당신의 환한 미소 속에 핀 눈꽃처럼
메마른 가슴 속에
한 줄기 국화꽃을 피우고

별천지의 하얀 눈꽃 세상
덕유산의 풍경 속에 나를 파묻고 있어
산자락 꼬불꼬불  칼바람처럼
세차게 몰아친다

내 몸, 돌 바위에 붙여 이끼가 되어도
먼 추억 같은 발자취
너를 기억하고 너를 담아 떠나리라.

# 내 가슴에 머문 그대

기쁠 때나 슬플 때
행복의 마음을 만들어 주는 그대
내 가슴에 전율을 느끼게 하는
아름다운 그대

세월에 씻겨도
지워지지 않는 임의 고운 마음
여명에서 밝아오는
고즈넉한 아침이 오면

그대는 내 안에 남아 있어
삶이 다하는 그 날까지
사랑하고 싶다.

# 내 마음 같은 소중한 사람

내 한목숨 다 바쳐도
아깝지 않을 단 한 사람
메말라가는 가슴에
단비의 맛을 알게 한 사람

나의 손을 꼭 잡으며
세상은 혼자가 아니라며
아침 햇살과 동행하는 삶이
얼마나 아름다운지를 알게 한 사람

묻혀버린 내 이름을
보석처럼 빛내준 사람
험한 고난에 갇히더라도
늘 푸른 초야처럼 평온을 찾아주는 당신

엄마의 포근한 품보다
아빠의 자상한 미소보다
더 따뜻하고 아름답게
눈과 귀를 열어준 소중한 사람

늘 보고 싶은 하나의 사람으로
자리한 햇살 같은 사람
나는 영원히 당신을 사랑합니다.

# 내 마음속에 슬픈 영혼

구름 낀 찌푸린 하늘
한줄기 눈물을 쏟아 내릴 듯
오만상의 얼굴로 땅의 진리를 원망하며
처진 어깨 가냘픈 몸
한번 보고 싶어도 볼 수 없는
시간 속의 묶인 내 영혼을

꽃잎처럼 향긋한
당신 미소 머무는 곳으로
쪽배에 태워
속세에 찌든 내 영혼을
아주 저 멀리 띄워 봅니다

세월이 흘러
모든 것이 흐려져
엷은 핑크빛으로 변해
마음으로 엮은 나의 삶들이
슬픈 비운의 주인공이 되어도
나 슬퍼하지 않을 것이니

언젠가 내 마음속에서
맑은 영혼이 떠난다 해도
사랑했던 날들은 퇴색되지 않게
영원히 포장하여 가슴 깊이 놓아두고 싶습니다.

## 내 안에 천국

내 가슴 안에 작은 천국
곱게 자리한 당신
사랑 뜰 안을 가득 메운
당신을 똑 닮아
몽실몽실 피어오른 한 송이 순결한 백합

당신의 웃음 같은
잔잔한 파도의 기억
아름답고 곱게 꾸며진 바닷가
그곳이 나에겐 작은 천국이라네

손과 발이 닿은 아름다운 곳
아직도 눈을 뗄 수 없는
추억의 그림자가 앉아 있는 작은 벤치

모래성 쌓으며
사랑의 결승점에 골인하여
행복의 세레나데를 꿈꾸던
하얀 백사장이 우리들의 천국이었네.

# 내 인생의 동반자

날마다 나를 바라보는 온유한 당신의 모습
해맑은 아침 햇살처럼 20년을 살면서
어떤 투정도 모두 웃음으로 받아주신
그대는 푸른 하늘 같아

온 마음이 비단결처럼
언제나 온유한 마음으로
나를 대해주는
당신은 나에게 오신 천사 같습니다

언제나 행복한 미소를 지으며 고운 당신
난 당신을 사랑합니다
잔잔한 물결처럼
나의 생활들을 보살펴주는
눈물 나도록 고마운 당신
당신 때문에
내 선홍색 빛깔의 심장이
힘차게 요동을 칩니다

고마워요 당신
당신을 사랑하는 내 마음은

죽음의 문턱까지 함께하려 합니다
이제 내가 할 수 있는 것은
당신을 믿고
더욱 아름답게 당신을
위하여 내 전부를 드립니다.

# 너와 나

햇살 좋은 아침 나
사랑하는 그대를 바라보며
세상에 비친 그대의 빛깔은
온 세상을 푸르고
싱싱한 초록빛으로 물들이고 있어
부푼 가슴을 안고 나는
그대 곁으로 달려갑니다

상쾌한 아침 공기
가슴 가득 담아
조용하고 아득한 숲 속으로
그대의 향기 마시려
내 마음은 나비가 되어
훨훨 그대 머무는 곳으로
날아가고 싶어요

자연이 좋아서 자유롭게 넘나드는 새가 되어
그대가 숨을 쉬는 녹색의 낙원으로
훨훨 날아
그대가 숨 쉬는 푸른 동산에
영원히 잠들고 싶습니다.

## 너와 난 친구

둥근 달 쟁반 같은 달
네 친구 얼굴 그린다고
둥근 얼굴 반달 같은 눈썹

꽃잎 같은 미소에
아름다운 미모가 있어
내게 힘들고 슬플 때
제일 먼저 생각나는
지난 세월 짝지 친구야

평생 어깨동무하고 같이
살 것 같은 너
뒷모습까지 좋은 친구
밤하늘에 별을 세어보며
친구 나이가 몇 살일까?

# 농부 친구

새벽안개 걷히면 날마다
달려가는 삼감에 자리하고 있는 생명 텃밭
갖은 채소와 약초들이 군락지를 조성하여
친구의 마음을 사로잡은 생명 텃밭

눈으로 바라보니
감탄이 절로 나오는 생명 텃밭의 모습
밤새도록 이슬비가 촉촉이 내려
푸른 잎사귀들의 생기 넘치는 모습에
젊음이 느껴지는 사람과 식물의 교감

농부 친구의 농촌 사랑이 있는 생명텃밭
바라만 보아도 느낄 수 있는
생명의 소중함을 배운다.

# 단비 1

춥고 건조한 12월
나무들도 푸른 옷을 벗어 버려
목말라하니 단비가 기다려진다

촉촉한 비가 내리면
내 마음 기쁨 주는 반가운 손님
미소를 짓고
율동하며 춤추는 발레리나처럼

나도 모르게 친구에게
달려가는 마음
기쁨에 젖는다.

# 단비 2

창밖에 단비가 내린다
얼마 만에 내리는 빗소리인가
마음 깊숙한 곳에
탁 걸린 가시가 빠진 듯이
빗소리는 맑아지는 느낌이다

마음 가라앉아
베란다 창문을 열고
얼굴을 살포시 내밀어 본다

떨어지는 빗방울
얼굴 위에서 눈물처럼 흘러내리고
알 수 없는 전율이
온몸을 타고 구석구석 퍼져 나가

한 방울 빗물이 나에게 생명처럼
선홍색 피처럼 귀하게
내 깊은숨을 토해내고
환희의 맛을 느낀다.

# 그대에게

봄바람으로
내 곁에 오신 그대
계절 바뀌어도
잊지 않고 꽃을 피우는 그대
오실 때는 버선발로
마중하는 걸음이 가벼워 집니다

살짝 왔다 가시어도
당신 인품의 향기가 남아
언제나 내 가슴은 따뜻합니다

내 마음 풍선을 달고
그대 위해 심어놓은 꽃길
가시는 걸음마다
봄바람처럼 따뜻한 사랑
마음속 깊이 심어 놓겠습니다.

# 당신을 사랑하기에

춤추듯 일렁이는 갈대처럼
구름은 바람 따라 흘러
세월의 안타까움에 사랑은 목메어
지친 심신 쉴 수 없게 길을 재촉하고
나의 고운 당신에게
오랜만에 자판을 두들겨 보렵니다

깊어가는 3월의 밤을
그대 생각으로 머물다
작은 소망처럼
그대 창가에 세레나데를 불러봅니다

오늘도 나는 그대 사랑을 꿈꾸며
그대 생각으로 나는 이 밤을 보냅니다
다른 사랑이 유혹해도
세찬 바람이 갈대숲을 지나도
나는 흔들림 없이
당신을 말없이 따라갑니다
가슴에 담고 손에 쓴
당신의 이름처럼.

## 당신을 사랑합니다

이 세상에
천하를 다 준다 해도
바꿀 수 없는 당신을 향하여
오늘도 사랑을 고백하노라

당신을 알고부터
내가 가진 그 어떤 것도
내게 행복을 줄 수 없는 것은
당신이 내게 준
사랑이란 은혜를 받았기 때문이지요

내 생각에 부질없는
정과 욕심을 내려놓으니
나는 당신이 보고 싶어서
외로운 별빛을 담고 있다오

이제는 후회 없고
세상 미련 없으니
내 영혼 한 송이 꽃이 되어
가슴에 사랑으로 피어
한 자루 촛불이 되어 타고 있다오

내게 남은 그리움 한 줌조차
당신과 함께하고 싶어
마음의 창을 활짝 열고
영원히 당신을 사랑합니다.

# 제 3 부

# 당신의 웃는 모습

# 당신의 웃는 모습

당신이 웃는 모습
눈부신 아침 햇살처럼 고와서
나에겐 꿈 같고 희망 같고

슬픈 눈물도
당신 웃는 모습에 마법이 걸려
같이 웃게 하니

모나리자 미소 닮은 당신
웃는 모습 상상만 해도
최면에 걸린 듯 행복이 흘러내려

당신의 웃음 은은한 향기가 있어
온종일 사랑에 취하게 하며
당신의 웃음소리가 유난히 큰 날
행복이 가슴을 방망이질합니다.

# 당신의 향기

날마다 마음의 문을 열고 들어오시는 당신
푸른 대지 위에 서서
하얀빛으로 찾아오시는 당신

아침이면 영롱한 이슬처럼
꿈과 사랑으로 내 속살 같은
모습으로 달려오시는
거룩한 당신

눈에 볼 수 없어도
거울에 비치는 깨끗함으로
내 마음속을 들여다보는
향기롭고 신비스러운 건

당신에게
느낄 수 있는
마음속의 향기 때문입니다.

# 독도

깊은 바다 아름다운 섬 하나 독도
신비스러워 아무도 가까이 접근하기 쉽지 않은
전설을 간직한 청정구역
사방팔방 평풍처럼 곱게 둘러쳐진
산수화 같은 풍경이 눈에 펼쳐진다

보석처럼 빛나는 바위 틈 사이사이
푸른 이끼들의 천국처럼
도란도란 꽃 피어올라
고기 떼들의 산란지로 황홀경에 빠지게
움집터를 형성한 해초들의 꽃밭

하얀 거품이 파도를 일으키면
물속으로 사라졌다 다시 잠수함으로 떠오르는
갈매기 떼들의 천국
겹겹이 바위 덩이로 쌓여
시간도 세월도 낚아채고 싶은 조인釣人들의 안락한 성에

우리들에게 던져주는 말 없는 미소
떠다니는 유람선까지도
먼바다 외롭게 자리한 보물 같은 독도
거친 파도가 밀려와도 우리 국토가 널 잊지 않는다

네가 지키고 내가 지킨다
우리의 마음속에 자리한 섬
우리 땅 우리 조국
독도는 대한민국의 수호신 우리 땅이다.

# 동창회

가을 낙엽이 떨어지는 소리가
친구들의 이야기 소리처럼 들려온다
낙엽을 밟으며 걸을 때
나의 짝지였던
친구의 얼굴이 떠오른다

보고 싶은 친구야
저 붉은 낙엽처럼
아름답겠지

세월 속에 구름 흘러가듯
우리도 흘러서
너무 멀리 왔구나
보고 싶은 친구들아!
시인의 시심처럼
너희의 맑은 웃음소리가
내 귓가에 들려온다.

# 떠나보내야 하는 빈 마음

차가운 겨울이 가고
따뜻한 봄이 오면
나는 봄 향기 맡으며 그대와 함께
봄 소풍을 떠나고 싶다

새싹처럼 마음의 충동이 솟아
파릇한 열정 품고
따뜻한 봄의 품으로 안기며
사랑하는 그대와 함께 꿈속에서라도
봄 소풍 떠나고 싶다

꽃같이 웃어 주는 사랑
봄바람 불면
어디론가 훌쩍 떠나버릴 것 같은 내 사랑
그대 떠나보낼 마음의 준비라도 해야 하는지

난 그저 먼 산 바라보듯
그대 떠나는 모습을 바라보기만 해야 하는지
오늘 밤 마음이 너무도 흔들리는구나
아직 날씨는 차가운데
왜 이리 내 마음은 바쁜지
사랑은 비가 되어 가슴을 적시네.

# 만남

그대들을 만나기 위해
새벽부터 분주하게 준비하면서
새로운 만남은 가슴이 뭉클해지며
기대감은 설렘이 옵니다

삶에 행복을 만드는 것은
찾아가는 것입니다
좋은 길 가는 여정에는 때가 있으며

곱게 물드는 하늘에
비치는 아름다움이
내 삶에 비추어지는 것은
순간에 만나는 행복입니다

그대가 주는 사랑을 곱게
마음에 담으며
늘 그대가 바라보는 이 순간은
보람으로 가슴에 접어두면
다음 만남을 기대해 보렵니다.

# 매력

구릿빛 피부를 자신 있게 내보이며
달콤하리만큼 풍겨주는
그대의 미소에
나는 당신의 매력 속으로 빨려들어 갑니다

노련한 언어 구사
부드러운 마음마저 겸비한
그대의 친숙한 표정
소리 없이 다가온
행복을 실감하며 가슴에 가득 담아 봅니다

오뉴월 태양에 검게 그을린
구릿빛의 피부까지 아껴주고 감싸주는
그대의 사랑 앞에
그대의 커피 향 같은 향긋한 매력을 느낍니다.

# 매미의 자장가

여름이면 찾아오는 반가운 손님
온 동네 떠나가는 자장가
언제 들어도 애절한 곡조

바라보며 귀담아들어도
어이 할 수 없는 애절한 노래
누굴 위해 저렇게 애절하게 부를까

소프라노
고운 노래를
대신 불러줄 수 없는 애원의 노래
날개 없어 날아갈 수 없는 빈 몸뚱이.

# 매화

얼어붙은 찬 서리에
하나둘 피어나는 작은 잎 순
뾰족이 내밀어보는 꽃망울에
한껏 기쁨을 맛본다

아침에 맞는 이슬도
낮에 비치는 햇빛도
가지마다 생명을 불어넣듯
봄의 소식을 전하는 우체통같이

아름답게 핑크빛으로
새색시 모습처럼
곱게 꽃단장하고
군락지를 만들어 세상의 존재들에게

매화꽃의 고운 자태로
너울너울 봄바람에 춤을 추며
지나는 행락객도 모두
미소로 반겨준다.

# 메밀꽃

언덕 위에 하얀 싸라기눈
청초한 모습으로 다가오는
하얀 꽃물결
임을 불러본다

새벽이슬에 촉촉이 젖은 그대의 입술
꽃잎 바람에
찰랑찰랑 하얀 치맛바람에
나풀나풀 춤을 추며 물거품의 파도를 일으킨다

보름달 뜨는 밤 하늘 아래
고요히 젖어드는 들녘의 꽃잎들의 반란
하얗게 피어올라 그리움의 잔재로
여기저기 언덕 위를 하얗게 꽃길을 만든다.

# 목소리

언제 들어도 좋은 그 목소리
감칠맛 나도록 다정한 그 소리
먼동이 트면 앞산 바라보며

따르릉 걸려오는
21세기 필수품 스마트폰으로
들려주는 싫증나지 않는 그 목소리

저물어 가는 붉은 노을빛이 아쉬워질 때
진동을 느끼면 나도 모르게
손은 지퍼 속으로 쑥

백 번 천 번 들어도 좋은 그 목소리
오늘도 이내 마음은
그 소리를 기다리며
저물어가는 노을빛을 바라본다.

# 바 다

에메랄드 빛 춤추는
깊고 넓은 가슴을 가진 바다
갈매기 주고받는
핑크빛 속삭임은

그리움 토해내듯
거칠게 몸부림치는
은빛 파도 성난 목소리

가슴속 담아 둔 사랑의 밀어
아득한 지평선 너머
소라의 노래 소문날까
감싸 안는 가슴

어느덧 난
꿈꾸는 어린 소녀인 양
비키니 가슴은
은빛 찬란한 모래밭에
두꺼비 집을 짓고 장미꽃을 심는다.

# 배내골 허브랜드

잠시라도 쉬어갈 수 있는
아담한 배내골 산촌
굽이굽이 졸졸 흐르는
시냇가의 맑은 물소리

소나무 군락지로 곱게 꽃단장하고
지나가는 사람의 발길을
멈추게 하는 마법 같은 성聖

마음의 안식처로
문을 열어 놓은 배내골 허브랜드
진한 커피 향 대신
초록빛 풀 냄새 가득한 허브차

눈과 마음을 빼앗아 버린
로즈메리와 라벤더 향기에
온몸 정지시켜 버리고
울긋불긋 곱게 피어오른 허브 꽃잎 속에
사랑에 마음을 내려놓으련다.

## 별들의 축제

반짝반짝 별들의 축제에
고운 성광이 도착한다

대지는 촉촉하고
함박웃음 터지게
여러 모양으로 자리매김하는
들꽃들의 외출

어쩌다 불현듯
찾아온 낯선 미풍도
허공 속에 잔재로 남아있네.

## 보고 싶어 생각나는 사람

보고 싶어
비바람 불어오니
더욱 그대가 생각이 납니다

곁에 보이지 않아도
손끝에 닿을 듯한 사람

긴 세월 흘러가도
풍파가 휘몰아쳐도
깎이고 모서리가 생겨나도

늘 그리운 마음에
쏟아지는 눈물 감출 수 없어
그리워 사무쳐 오는 속절없는 마음

오늘 밤
그 사람이 유난히
보고 싶고 그리운 날입니다.

# 봄의 향연

파릇파릇 돋아나는 새싹들의 얼굴
따뜻한 봄 햇살에 사랑을 건네주는
아기 같은 귀여운 모습
핑크빛 도는 벚꽃들 행진이

여기저기 내 눈길 가는 곳마다
방긋방긋 미소 지으며 나를 반기네
봄 햇살 따라 나의 발길도 재촉하네
나에게 사랑 향기 뿌려달라고

파르르 떨며 눈웃음 살짝 미소 지으며
꽃망울 활짝 피어올라
내 마음 소녀처럼
가슴 설레게 하네

봄 향기에 웃고 햇살에 웃어보는
봄의 향기는 나의 사랑에 노래를 부르네.

# 봄이 오는 소리

긴 단잠에서 깨어난 초록 잎사귀
솜털로 돌돌 감은 몸뚱어리
한 잎 두 잎 빠끔히 고개를 내밀며
따뜻한 봄볕에 눈인사를 건네며
반갑다, 고운 손 내미는 봄의 여신

천성산 능선에
싱그러운 봄의 향기 가득하고
연둣빛 속에 숨은
새들도 소리 높여 봄 노래 부르네.

화려하게 다가온 철쭉 미인들
오묘한 사랑은 자연이 빚어낸 산물이며
계절의 신비한 조화는
내 사랑처럼 연둣빛 향기로 깨어난다.

생명의 신비를 실감하며
천성산에 떨어지지 않는
걸음을 묻어 놓았네.

# 분수대

서편에 노을이 기울어지면
하나둘 양산천 다리 위에
일곱 빛깔 무지갯빛으로
화려한 의상을 곱게 차려입고
지나가는 사람에게 빛으로 유혹의 마음을 선보인다

다리 밑에 호수 같은 강물 위에는
분수의 물줄기가 하늘 높이 솟구치며
여러 형태의 모형을 빛으로
불국사 모형도 그리기도 하고
미래의 반도체 형태도 그리며
둥근 보름달의 하나 된 원형도 그리며

음악의 리듬에 따라 무지갯빛으로 너울너울 춤을 추며
양산천 분수대는 지나가는 임들의 마음속에
꿈처럼 희망을 심어주며 삶의 터전으로
빛으로 서로에게 의지가 된 멋진 무대이다.

# 제 4 부

# 비 오는 날

# 비 오는 날

빗줄기 사이로 불어오는 하늬바람
그대가 그리워 창밖을 바라보니
창문에 걸린 빗줄기는
그리움의 주제가 되어
뛰는 심장을 흔들어 놓는다

그대가 보고 싶다고
고즈넉한 카페에 앉아
아메리카노* 커피 향기에 젖어 보지만
그리움은 더욱 가슴을 조여 오네

가라앉지 않는
뜨거운 사랑의 눈물도
저 뚝뚝 떨어지는 빗줄기의 눈물일까?

*아메리카노: 에스프레소에 뜨거운 물을 첨가하여 커피 농도를 연하게 한 커피.

# 공간에

공간에 점 하나 찍으면
여유로움과 안타까움이 함께 공존하는
공간 속의 벤치

사랑이란 글을 쓰다 틀리면
지우개로 고칠 수 있는 작은 공간
사랑의 향기로 뿌려 놓아도

고운 물감으로 색칠을 하며
살짝 채워가는
화가의 손놀림처럼

삶의 빈 노트에
점 하나에도 여유로움이
풍겨져가는 수채화 그림처럼
밝고 아름다운 세상을 만들어간다.

# 빈 마음

잔뜩 울상하고 있던 하늘
쓸쓸한 가을
외로움 참지 못해 끝내
주룩주룩 울음을 토하는구나

꽃잎에 맺은 정
우산에 맺은 정
끝내 지키지 못하고
땅바닥 나뒹구는 비애의 아픔

네가 울면
빈 가슴을 채울 수 없어
멀리 있는 사랑에 묻혀
아픔의 시간
빈 맘으로 여행을 떠난다.

# 사 랑

언제나 불러도 달려오는
나의 사랑
그대의 함빡 웃음소리가
내 귓전에 울러 퍼지는
당신의 음성
나를 미소로 답하게 하네요

나를 반겨주는 아름다운 당신
그냥 내 마음에
와 닿아도 좋을 만큼 그대 사랑

그대의 눈빛
한 송이 국화꽃처럼
향기가 나는 당신입니다.

## 사랑하는 당신을 위해

사랑하는 당신을 위해
일곱 색깔 무지갯빛은 되어드리지 못해도
따뜻한 햇볕이 되어
그대 마음을 감싸주고 싶고

빛나는 보석은 되어 주지 못해도
그대 눈빛에 빛나는
흑진주가 되어주고 싶은 마음

좋아하는 그대 위해 뜨거운
열정은 되어줄 수 없어도
먼 훗날 당신 기억 속에 선뜻 떠오르는
미소가 묻어나는 하얀 꽃이 되고 싶습니다

날마다 당신 위해
어느 것 하나 해줄 수는 없어도
변함없는 소나무 같은
푸른 솔 향을 가득 뿌려 주고 싶은 생각

저 하늘 별은 못 되어도
간절한 소망의 눈빛으로
당신께 꿈을 심어주고

사랑하는 그대 위해
한 자리 그리움 같은 섬은 못 되어도
슬픔까지 씻어줄 수 있는
당신만의 푸른 파도가 되고 싶습니다.

# 사모곡

잔뜩 찌푸린 하늘
금방이라도 왈칵 쏟아질 듯
검게 변해버린 푸른 하늘
한 방울이라도 쏟아지면 슬픔이 되어 버릴 듯

어두운 그림자가 지나가니
논두렁에 앉아
허리 한 번 펴보지 못하고
앞만 보고 달려가는 당신

거칠고 주름진 손등
지난 삶의 무게가 얼마나 혹독하고
힘겨웠는지 느껴지지만
마음속 사랑의 온기가 가득하시어

찬 서리 같은 고된 삶일지라도
당신의 삶의 모습은
솔향기 나는 푸른 소나무 같다.

# 산나물

산나물 뜯으러 깊은 산에 올라보니
키 큰 나무들이 지붕을 만들고
지붕 사이로 아침 햇살이 살짝 내려앉아 있어요.

이웃사촌처럼 옹기종기 붙어서
부지깽이, 노, 저, 까치, 삿갓대가리들까지*
햇살을 타고 저 높은 하늘까지

숲은 어느새
나물 향기로 온 천지를 뒤덮어
내 앞치마 가득 차올랐어요

산나물 향기는 오랫동안
내 몸 깊이
남아있습니다.

*부지깽이, 노, 저, 까치, 삿갓대가리: 산나물 이름.

# 산

언제나 침묵으로 우뚝 솟아 앉아있는 산
기품도 정승 못지않으니
내 어이 그대에게 위대하지 않다 하리오

만물의 주인장 같은 마음에
오염으로 일그러진
몸살 앓는 그대도 있지만

가랑비에 씻고 소낙비에 씻어
귀중한 당신의 몸을 후손에게까지
영원히 전해 주길 바랍니다.

# 삶의 여유로움

삶이란
마음에 여유가 없어 앞만 보고 달려가니
곁에 푸른 이끼가 끼었는지
확인할 시간도 없이 지나가고

참기름의 고소한 맛도
맛볼 수 없는 낙후된 생활
어느덧 검은 머리카락은 백발로 변해가니

정겹던 시골 초가집은 어디 가서 구경할지
연기 나는 굴뚝은 어디 가서 감상할지
의문이 새록새록 생겨나고

잘 살아보고 싶은 마음에
한 포기 잡초라도 뽑아
스치는 바람결에라도
삶의 향기를 느껴보고 싶다.

# 삶의 여정

인생길에 열정도 점점 퇴화 되어가고
녹색물결 그리워하는 쪽빛 바다에
흘러가는 세월을 잡을 수 없어
먼 수평선만 바라보는 바보가 되어본다

넓은 황금 들판에 풍요함이
들녘마다 진하게 풍겨져 오고
초록 잎사귀 무성한 감나무 곱게 감색 꽃망울로
주렁주렁 여물어 간다

펼쳐지는 계절마다 아름다웠던
그대와의 순간순간이
핑크빛 도는 상큼한 마음으로 피어
내 지금 머무는 인생행로에 고운 향기를 심어주며

소중한 삶 여정 속에 흔들리는 마음
꽃바람 속으로 살포시 다가와
거친 손마디 어루만지며
가쁜 숨 몰아쉬는 순간까지
행복한 단지 속에 삶의 향기를 담아 준다.

# 새벽바람

닭똥 굴러가듯 한 줄씩 적어보는
깨알 같은 한 줄의 작은 메모
새벽바람에 머리를 식혀본다

노동의 대가도 적어보고
환희의 즐거움도 적어보는
가을 문턱에 바람결 따라 얼굴을 내밀고

가을 소낙비처럼
한 걸음 왔다 가는 비바람일지라도
장마철에 고운 햇살만큼

반복되는 일상 속에
한 아름이라도
새벽에 불어오는 찬바람은
작은 희망의 절규이다.

# 새싹 같은 아름다운 친구에게

새해 아침 가장 먼저 친구에게 밝음을 전한다
새해 복 많이 받아라
밝고 환한 미소 가장 멋진 너의 모습
날마다 새롭게 돋아나는 새싹 같은 모습
바로 너인 것을

안녕! 친구야 하나라서 더 소중하고
둘이 아니라서 더 귀하고
셋이 아니라서 더 간직하고 싶은
너와 나의 우정과 사랑
길 고 먼 산처럼
고울 만큼 날마다 새로운 너의 마음들

푸른 새싹 같은 느낌으로
너를 사랑하며 설렘으로 귀 기울이고
따뜻한 마음으로
끌어안아 보고 싶은 너인 것을
작은 기쁨도 맑은 물처럼
기다림으로 마음에 문을 열고
활짝 피어나는 그대 안에

내 순백의 미소를 가득 뿌려주고
내 핑크빛 도는 사랑도 그대 대지가 되어
푸른 들판이 되어드릴게
가끔 포근히 감싸 줄 때
너의 느낌이 너무나 따뜻하여
기쁨이 맑은 물처럼 솟아오른다

뚜벅 뚜벅 걸어 회사 대문이 점점 멀어져도
기다림의 문을 활짝 열고
피어나는 그대 안에서
나의 순백한 미소가 분홍 꽃망울 되어
활짝 피어오르리라.

# 석양

붉게 물든 하늘 곁에 바다도 머문다
잠시 스치고 지나가며
마음에 천연의 빛 물들이고

보이지 않은 곳으로
넝쿨은 말없이 넘어가고
인생의 그림을 노을로 물들이며

황혼의 길에
흔적을 만들어 놓고
용암으로 사라지면 별은 찾아오겠지.

# 성지곡 수원지

호숫가에 앉아
무심히 너랑 눈길 마주쳐 본다

작지만 여러 가지 색깔의 비단잉어 떼
물속에 자유로이 거니는
물고기 떼의 자유

넓은 호수 수평선 휘젓고 다니는 비단잉어
하늘을 바라보며 평화스럽게
헤엄치고 다니는 바로 이곳

눈물 한 방울도 삼켜버릴
너무도 평화스러운 몸짓에
지나가는 발걸음도 멈추게 하는 요술 같은 몸짓

살아남기 위해 더 몸부림치는 인간들의
속세를 떠나
자유를 향해 현란하게

꼬리 흔들어대는
호수 속의 비단잉어 떼
천국을 누비며 지나가는구나.

# 숲 속 카페에서

그대와 함께 풀밭에 누우니
자기 노래 들어 달라
목소리 가다듬는 풀벌레
소리는 아름다운 하모니

땅속에 피아니스트 귀뚜라미
풀숲에 통기타 치는 여치
나뭇가지엔 소프라노 매미

그대와 난 어느덧
숲 속 카페의 주인공이 되어
쪽빛 하늘 뜬구름 바라본다

곡예사 다람쥐
나뭇가지 꾀꼬리가
포개진 입술 달콤함을 엿볼세라
꿈같이 황홀한 세상을 만끽한다.

# 시간의 흐름

연초록 푸른 잎사귀
친구와 어깨동무하고
고운 자태 핑크빛 얼굴 쏙 내밀며
사방팔방 풀 냄새 풍겨 사람 심장까지
바람결 따라 깊이 파고 드는 너의 핑크빛 모습

계절은 시간 따라 묵묵히 한 점 구름처럼 떠돌고
상쾌한 아침 햇살의 일문이 열리면
푹 눌러쓴 챙모자 아낙네의 일과 속에
붉은 입술까지 하늘을 쳐다보며

뛰는 심장까지 마음 설레게
계절의 흐름을 받아 하루하루가 흘러
새색시 치장할 만큼 너의 모습도 변해
긴장 안 할 수 없는 세월의 무상함을
거울 속에 비친 너의 모습에서 내 마음을 담아 본다.

# 시계

천지를 깨우고 우주를 움직이게
똑딱똑딱 분침과 초침이
일정하게 앞으로 달려

오직 앞만 보고
조용한 아침을 열어주며
거룩한 저녁을 맞이하게 꽃으로 분장을 하니

부지런한 일꾼을 만들어
세계 방방곡곡으로
진출하여 은총 받는 성군으로

오직 부지런한 당신에게
그윽한 향기가 되고
은총의 빛깔이 되어
조그마한 목숨으로 탄생한다.

# 아름다운 꿈

수시로 밖에 세상을 내다보며
파란 꿈을 담고
아침 햇살에 사랑의 마음을 그리고

낮에 싱그러운 나뭇잎을 쳐다보고
푸른 꿈을 심고
밤에 높이 떠 있는 반짝이는 별을 바라보며
나와 정답게 인사를 나눈다

밝은 세상에
어둠이 판치지 못하는
아름다운 세상에 꽃씨 뿌리며

해님과 마주하며 고운 길 열어
꿈이 아닌 현실 속에
어둠이 차지 못할 하얀 빛의 세상으로
푸르게 그려본다.

## 아름다운 세상에 만난 친구들

높고 넓은 푸른 광야에
고요히 찾아온 나의 고운 친구들
산야에서 따뜻한 우정을 나눈다

그리운  밤 지나고
새벽 동이 트면 하얀 미소로
아침 햇살처럼 반짝반짝
만나고 또 헤어지고

몇 번을 속삭여도
떠오르는 태양 빛 속에
반가운 이정표  눈도장을 꼭 찍어본다

가슴 속 못다 한 이야기
풀어놓을 날 그 언제이련가
친구들의 사랑 속에 웃음꽃이 만발하다.

제 5 부

# 아침의 마음

# 아침의 마음

투명한 유리로 방실방실
눈웃음 쳐주는 반가운 손님
하루의 알림을 하얀빛으로

뛰는 선홍색 심장 속에 가득 채우며
창공에 투명 옷으로 갈아입고
나를 바라보는 듯

햇살 가득 감동을 뿌려주는
진한 꽃향기 휘날리듯
내 코끝은 어느새
봄의 색채로 곱게 물들어간다.

# 약수터 엿가락

퐁퐁 솟아나는 탄수화물 같은 맑은 샘물
천 년의 광대한 역사 속에서도
고요히 뿜어져 나오는 약수 샘물 앞에

만병통치약보다 더 효력 있다고 믿는 사람들
맑은 샘물 앞에 숨길 수 없는 인간의 본심 앞에
두 팔 구부려 빨강 바가지에 한가득 샘물을 퍼
촉촉이 내 입속으로 한 모금 목을 축여 본다

사이다 같은 톡 쏘는 듯한 짜릿한 맛
찰떡궁합이라고 호박엿인지 꿀엿인지
약수 옆에 항상 놓여있는 누런색의 엿가락

행인들의 손에 쥐어진
빨간 바가지 속에 담긴 약수와 엿가락
천생연분처럼 둘은 붙어 다니는
한 쌍의 원앙새 같다.

# 여정

새벽 동이 트니
하늘과 땅이 맞닿은 듯
진한 아로마 향기가 방 안 가득 넘쳐흐른다

신선한 아침 공기와 찔레꽃 새순처럼
하얗게 돋아나도
그대의 웃음소리는

천 리 길까지 울려 퍼지는
긴 여정 속으로
행복한 꿀단지를 만들어 주며

육상 선수의 마라톤같이
전력질주 하는 모습처럼
우리가 살아가는 여정은 물안개 꽃 같다.

# 여름밤

조용한 여름밤
빗소리에 내 안을 들여다보며
모두 잠들어있을 깊은 밤에

한 편의 詩라고 쓰는 시간을 즐기며
밀폐된 공간을 배회하고
자신에게 문답하며  밤을 맞이한다

현대문학 이론을 읽으며
김혁은 어떤 인물일까 반문하며
나만의 즐거운 온상을 마음에 심으며

밤의 경적을 울리며
밝아올 새 아침 여명을 기다린다.

# 여름비

보아라
저기 넓은 도로 위에
펑펑 솟아오르는 성난 파도처럼

조심조심 달려가는
자동차들의 행렬 속에
여름비는 그리움의 향수를 만들어 내고

길가에 푸른빛 뿜어내는
나무 잎사귀들은 살랑살랑
왈츠를 추는 것처럼 흔들어 대며

옆으로 지나가는 임들에게
빗방울의 소리로 그리움의
진한 향수를 뿜어낸다.

## 연꽃

날은 어둡고 찬바람 불어오는 날
내 마음은 진흙밭에 붉은 연꽃으로
피어올라 조용히 머물고

뿌리는 하얗게 아픔을 참고
땅속 깊숙이 내리며
어둠이 가려도 끝없이
밑으로 얼굴까지도 가린다

꽃의 아름다움이
진흙탕에 피어도
자비의 온아함을 풍겨주는
부처님의 모습만큼
단아하고 향기로움이 묻어난다.

## 우포늪의 사랑

살얼음 뗏목이 떠 있는
푸른 호숫가
철새들은 낙원에서
평화스럽게 유유자적 노니는데
늪의 천혜의 광경은
눈을 유혹하여
임들은 발걸음을 재촉한다

새들이 노래하며 물장구를 치는
우거진 갈대숲과
호수에 송사리 떼는
유혹의 꼬리를 흔들어댄다

잔잔한 호숫가 푸른 물결은
세월에 순응하지만
내 마음속에 담긴
우포늪의 추억거리는
가시연꽃잎 속에 살포시 담아놓고
석양 뒤에 물든 갈대에게 손을 흔들어
아쉬운 작별의 미소를 남겼다.

# 위로

넌 나를 위로하고
난 너를 위로하며

힘들고 아플 때는
힘들지 않는다고

비가 오고 눈이 내려도 괜찮다고
서로가 토닥이며

시간이 가면 나도 모르게 다 지나가고
입가엔 미소가 생긴다.

# 유채꽃 밭에서

밤에 더욱 빛나며
노란색으로 피어나는 유채꽃
봄바람에 한들한들 고개 흔드는
유채꽃 송이들

4월에 만나는
그윽한 향기가 날리는
우리의 친구

밤이 되면 배시시
웃음 건네주는 꽃술이
사방으로 날아다녀 떠날 수 없어

바람 타고 초록 들판까지
새롭게 물들이고
나비처럼 잠자리처럼 훨훨
향기 따라 찾아온다.

# 은행나무 집

하늘 높이 솟아 있는
끝이 보이지 않는 푸른 은행나무
황토 흙담집을 지켜주는 수호신처럼
대문 앞에 딱 버티고 서있는 성스러운 나무

집 앞마당에는
곱게 붉은 꽃망울 터트리며
맨드라미 채송화 봉숭아 수없이 셀 수 없는
꽃들이 여기저기 피어올라 고운 자태

천 가지 만 가지 모습으로
아침저녁으로 이슬 머금어도
날마다 고운 꽃향기로
주인장에게 상큼한 미소 건네며

꽃향기로 행인을 유혹하려고
하늬바람에 살랑살랑 꼬리 흔드는
예쁜 꽃과 은행나무가 사는 집
집안 가득 사랑의 숨결이 느껴지는
은행나무 집.

# 자화상

단발머리 자주색 가방
책벌레 장밋빛 꿈은
아직도 유효한데

세월의 나이테는 어김없어
얼굴에 주름이 늘고
희끗희끗 솔잎을 세며

네 식구 건강 챙기는
전문의 되어
행복 울타리 숙제를 하며

하려 하지 않는
할미꽃 꿈은
빨간 립스틱 짙게 바르고 싶다.

# 자네와 난 친구

동그라미 그리려다
무심코 그린
입가 함박웃음 먹은 너였다

슬플 때나 외로울 때
제일 먼저
네 이름을 생각하면
행복의 세레나데가 절로 나온다

너와 난 늘 아쉬워하며
잊을 수 없는 추억을 쌓고
잊을 수도 없는 친구
천국의 주인은 바로 너야

평생을 어깨동무하고 걸어도
웃음이 절로 나고
돌아선 뒷모습까지 아름다운 너

누가 크나 키를 재며
너와 난 분신 같은 친구
언제 보아도
아름다운 내 친구.

# 자연과 한마음

거리에 소복소복 쌓인 은행 나뭇잎
큰 웃음을 소슬바람에 살짝
주위를 맴돌며 떠나지 못하는
너와 나의 참모습

잔뜩 흐린 마음도
꾀병처럼 앓고 있던 몸살도
씻은 듯 내 마음에서 쫓아내 준다

아픈 곳은 연기처럼 하늘로 사라지고
멀게만 느껴지던
한 조각의 구름도

오늘 가장 편안함을 함께 눌러쓴
제일 가까운
자연의 향기로 새로워진다.

## 좋은 생각

내 가슴속
미운 생각을
고운 생각으로 바꾸려 한다

오늘은 처녀 내일은 아줌마
청춘은 소리 없이
흘러가는 꿈길 같은 삶이지만

오늘은 즐거운 소풍을 맞으며
신데렐라의 꿈을 꾸며
아름다운 꽃 밭길을 걸어가련다

중년이 된 나를
향기 나는 꽃으로 피우기 위해
나의 모습을 다듬고 가꾸려 한다.

# 제 6 부

# 짝사랑

# 짝사랑 1

언제부터인가
거울 앞에 앉으면
장미꽃이 되어
당신 곁에 가고 싶어요

당신 미소 바라보고
당신 몸짓 바라볼 때
심장이 떨리는 소리를
가슴 깊이 숨깁니다

청량제 같은 목소리
마음 편히 대해주는 그대를 바라보는
애절한 마음은
숨길수록 자라납니다

매일 밤
별빛처럼 고운
사랑 노래 부르며
아름다운 미지의 세계로
그대와 여행을 떠나고 싶어요.

# 짝사랑 2

그대 알고부터
제 마음에 사랑의 씨앗이 자라며
당신이 더욱 그리워집니다

당신의 정에
말로 표현할 수 없을 만큼
가슴이 설레며 쩔쩔매는
제 모습이 때로는 부끄러워지네요

저와 함께 인생의 길동무로
제 인생의 마지막 사랑으로
인생의 끝자락 동행할 당신

아름다운 연인 같은 친구로
가끔은 그대 흔적이 없을 때
제 마음에 눈물이 흐르고

저 자신 뒤돌아보며
마음을 깨끗이 다듬어
그대의 가슴에 포근히 잠들고 싶습니다.

# 짝 사랑 3

임을 생각하면 보고 싶고
보면 할 말 못 하고
애끓는 심정 마르다가도
그리운 그대에게
어느 순간 말문을 열어보지만

간절한 마음으로 그대 모습 바라보며
잔잔한 호수 같은 눈빛이
내 마음 사로잡으니
아름다운 여인이 되어
임의 가슴에 안기고 싶어요

사랑이라고
말하지 않았지만
내 마음
언제부터인가 당신께 드렸어요

오늘 밤 별빛 타고 오세요
잘라도 뽑아도 내 마음속에
사랑이 자라고 있어요.

# 짝 사랑 4

가슴에 담아 놓고
말 못 하도록 가슴 시려도
나 당신 사랑해도 될까요

나 그대 가슴에 담아놓고
나 그대 너무너무 좋아서
행복 이루고 싶어요

나 그대
살아가는 동안 마음속으로
평생 좋아해도 될까요?
난 당신을 위해
모든 걸 다 드릴게요.

# 차 한 잔의 마음을 담아서

아침 햇살 비추는 거실에 앉아
김이 모락모락 나는 차 한 잔을 들고
그리운 당신을 그려봅니다

기분 좋은 내면의 생각만큼
싱그러운 마음으로
그리운 그대 머문 곳으로
고개를 돌려 햇살 속에
그리운 마음을 띄워 보내니

차 한 잔에 담긴 향기만큼
당신에 대한 열정도
온 방 안까지 펴져 갑니다
바로 당신에 대한 내 사랑의 방식이니

오늘 하루만큼
멀리 머무는 땅 끝까지
바람결에라도 당신의 향기를
담아 띄워주신다면 커피 향기만큼
은은하지 않을까 생각해 봅니다.

# 참 사랑

시간이 지난 후
또다시 찾아오는 그대 향기
가슴에 따뜻하게 전해져오는 화롯불

밤하늘 별을 바라보면
별똥들 내 가슴 위에 소복하게 뿌려져
별 천지에 풍덩 빠져도
가슴 벅차오르게 뛰는 심장을 요동치게 하는 당신

구름 지나고 세찬 비바람이 지나고
노을이 저물어 끝이 보이지 않아도
늘 반복되도록 그대 사랑 향기는
온 밤하늘을 뿌려 놓습니다.

# 천성산

오색 단풍이 수놓아진
숲길을 걸어 올라가니
흔들림 없이 그 자리에
아름다운 마음을 심어주는 우리 고을의 천성산

산봉우리 뭉게구름이 쉬었다 가면
가을 소식 다 듣고
계곡 바람 머물 때 명산의 전설까지도
모두 들려주어

삶의 고통 던져 버리고
조금은 위안이 될 수 있는 마음의 안식처로
탈바꿈하여 지나가는 산객들에게
휴식의 공간의 터전으로 되어주고

붉게 물든 단풍잎들의 화려한 왈츠로
저 높은 산이 나를 부르네
생의 무거운 짐 내려놓고
사뿐히 미소로 한 걸음씩 올라오라 손짓하네.

# 초파일 세존사 뜨락에서

초여름 태양 빛 아래
옹기종기 부처님의 깨달음을
열어보는 불자들의 움집터 세존사

금련산 끝자락에
평풍처럼 아담하게 자리 잡고
부처님의 가르침을 본받아
삶의 향기를 느낀다

세존사의 오색등은
임의 사랑가처럼
내 마음에 심지를 심고

은은하게 울러 퍼지는
스님의 목탁소리
하늘을 열고 땅도 깨우니

세존사의 붉게 피어오르는 연꽃 등은
부처님의 온화한 미소처럼
새 삶의 희망의 끈을 엮어준다.

# 충렬공 박제상

내 나라 위해
이 한 몸 칼끝 제물이 되고
내 겨레 위해
형장 이슬로 사라진들

이 세상 꽃피고 새가 노래하는 한
임 향한 일편단심
넋이라도 있든 없든
사내의 굳은 절개 변할 리 없으리

춘추원 충렬사
잠시 몸은 잠들었지만
아직도 내 가슴 흐르는 피는
너의 목을 벨 칼날을 간다.

# 코스모스 꽃길

길가에 수평선을 이룬
가을을 노래하던 코스모스
생긋이 나를 반기고
울긋불긋 곱게 물든 단풍은
낯선 이도 정다운 미소로 맞이하는
가을의 서정시 한 수를 읊는 시인 같구나

낮이나 밤이나
꽃길을 걸어도
가을바람에 한들거리는 풍경은
변함없는 임의 사랑 같아 아름다울 뿐이네.

## 파도

파도 소리가 귓전에
밀려왔다 밀려간다
돛단배에 그대 사랑 가득 실어
넘실대는 파도 소리
우리의 만남을
축복이나 하듯 높이 바위를 친다

저 푸른 바다
갈매기 떼들
희망에 이상의 날개를 달고
바닷가 하늘 아래 서서
바람결에 옷깃 여미며
우리의 사랑을 속삭이며.

# 피서지

움직이지 않아도
가로수 나무처럼 갈증을 호소하며
나의 피부로 느낌이 다가오니
이글거리는 붉은 태양 화력은
용가리 영화의 한 장면처럼 뿜어져 오니

수많은 피서객도
삼삼오오 더위에 지친 모습
파도에 시원하게 몸을 담그며
빨간 수박으로 더위를 식히며

바다가 주신 자연 앞에
삼복더위도 흐르는 땀을
소슬바람에 실어 여름을 보낸다.

# 하늘같은 인연

창가 사이로 촉촉이 내리는 빗물
아침이면 맑은 하늘
푸르고 짙은 나뭇잎처럼
당신의 따뜻한 가슴이면 참 좋겠습니다.

흘러내린 나의 긴 머리
쓸어 올려주며 이마에 짧은 입맞춤
무지개 빛깔처럼 영롱한 당신
부드러운 모과 향기 가득한 커피 잔에
살포시 녹아가는 설탕같이 부드러운 미소로

나의 하루 시작을 알려 주는 그대
행복하고 즐겁고 풍요로운 하루
종소리가 되어 기적이 일어나는 햇빛 같은
아름다운 당신
뿔뿔이 흩어져 날아다니는 꽃가루

일상처럼 내 눈과 내 귀를
간지러운 숨소리가 실바람 같이 날마다
마음 설레는 마음 향기로
나를 안아주는 사람이 당신입니다

메마른 감자밭에 떨어지는 소낙비 같은
간절함으로 내 기도 속에 숨겨진 사람이
바로 당신이었으면 좋겠습니다
먼 훗날
미래에도 내 속에서 영원히 지워지지 않는 사랑으로 남아
내 숨결 고르지 못할 순간까지
늘 내 가까이 머물러 줄 수 있는 사람은
바로 내 사랑하는 당신이 뿐입니다.

# 하늘만큼 땅만큼

나 그대 사랑하고 난 후 겪는 고통
내가 감당해야 할 내 몫
모서리 박힌 대못 같아도
나 그대 사랑
하늘만큼 땅만큼 사랑하렵니다

바보처럼 철없는 사랑을 하여도
내가 뿌린 작은 씨앗의 알맹이 같아도
나는 날마다 그대를
하늘만큼 땅만큼 사랑하렵니다

내 눈과 내 두 귀가 靑이끼에 덮여있어도
그대를 바라볼 수 없어도
내 안에 불러보고 싶은 분은
오직 사랑하는 당신 한 사람뿐입니다

하늘이 보내주신 사람

비 온 뒤 햇살처럼
눈부시도록 아름다운 당신 모습에
눈을 뗄 수 없어
넋을 잃고 행복한 사랑을 외웁니다

라일락 향기보다 더 진한
당신의 향기는
내 가슴에 가득히 채워져
세레나데를 부르고 있습니다

천사 같은 당신은
하늘이 내게 보내준 축복이고
내 생에 최고의 선물이며
내 삶의 전부를 드리고 싶은 당신입니다

이 세상 하나뿐인 사랑도
당신 몫으로 남겨
이 생명 다하는 순간까지
하늘 같은 당신에게 드리겠습니다.

# 하얀 눈

하얀 눈이 펑펑 내리는 날
세상의 만물 속에 나는 그대와 함께
소나타의 리듬에 맞추어 가벼운 손짓을 하며
함께 춤을 추어본다

설야 속에 핀 동백꽃
들판은 백색 가루로 뿌려 놓은 듯
오고 가는 임들의 입가에는 미소가 흐르고
연인들의 재잘거리는 웃음소리는
가늘게 넓은 광장까지 울려 퍼진다

굳게 닫힌 마음도 활짝 열고
끝없이 끝없이 늘어선 가로수 편백나무들도
하얀 눈을 맞으며 행복한 삶에
두둥실 구름 흘러가듯 노래에 취해 본다.

# 해바라기 꽃 사랑

온몸으로 쏟아져 내려오는 달빛이
사랑하는 당신 마음이라면
이 깊은 밤도 행복하지요

온몸으로 불어오는 꽃샘바람이
당신 향기라면
내 얼굴을 스쳐 가도 기뻐할 것 같아요

그리움도 넘치고
보고 싶음도 넘치는 날
세상의 모든 것이 꺾이고 부러진다 해도
행복이 넘실대는
푸른 바다 먼 수평선의 등댓불이 되어
그대를 밝혀 드릴게요

찐한 향기가 우러나오는 국화꽃처럼
내 뛰는 심장 속에 조금씩 채워가는
동그란 해바라기 사랑이 되어줄게요

# 해 설

# 따뜻한 눈길, 심미적 감수성

임종성(시인, 문학박사)

사랑은 생명 자체를 살아 움직이게 하는 근원적 힘이다. 그래서 사랑은 다른 생명에게 온기를 전수할 수 있게 하는 파장을 지니고 있다. 이 세상을 풍요하게 하고, 기름지게 하는 퇴비이기도 하다. 이러한 사랑은 가능하지만 그 사랑의 완성은 먼 길에 있다.

이러한 사랑의 정서는 서정시의 내면 풍경을 이루어 하찮은 것 작은 것, 모난 것, 서러운 것, 소멸하는 것들을 다 불러 뜨겁게 숨 쉬게 하는 생명력을 내장하고 있다.

그대와 함께 풀밭에 누우니
자기 노래 들어 달라
목소리 가다듬는 풀벌레
소리는 아름다운 하모니

땅 속에 피아니스트 귀뚜라미
풀숲에 통기타 치는 여치
나뭇가지엔 소프라노 매미

그대와 난 어느덧
숲 속 카페의 주인공이 되어
쪽빛 하늘 뜬 구름 바라본다

곡예사 다람쥐
나뭇가지 꾀꼬리가
포개진 입술 달콤함을 엿볼세라
꿈같이 황홀한 세상을 만끽한다. 〔숲 속의 카페에서〕전문

화자가 자기 안의 오염된 타자를 밀어내어 진정한 자아를 찾아 샘물처럼 솟구치는 사랑에게 모든 것을 바치고 끝내 자신마저 지울 때, 합일되는 순간들이 꽃으로 피어난다. 진정으로 화자가 사랑을 찾는 순간, 사랑이 자아 앞에 선연히 나오는 것이다.

숲 속에서 그대와 나는 〈목소리 가다듬는 풀벌레 소리〉를 아름다운 하모니로 들으며 사랑을 나누는 내면의 시간을 함께 가진다. 꿈같이 황홀한 세상을 내정하며 만끽하는 미적감흥에 감싸인다. 사랑의 대상인 당신은 연초록 봄바람 속에 있다.

봄바람으로
내 곁에 오신 당신
계절 바뀌어도

잊지 않고 꽃을 피우는 당신

당신 오실 때
두 손 모아 버선발로
마중하는 걸음 가볍습니다

살짝이 왔다 가시어도
당신 인품의 향기 남아
언제나 내 가슴은 따뜻합니다. 〔당신〕전문

〈봄바람으로/ 내 곁에 오신 당신/ 계절 바뀌어도/ 잊지 않고 꽃을 피우는 당신〉은
사랑의 뜻을 지닌 모든 수식어를 다 찾아 불러보고 싶은 나의 다른 몸이다. 화자의 삶에게 가장 아름답고, 소중하고, 가장 고결한 의미를 찾아주는 사람이다. 당신이 오실 때 〈두 손 모아 버선발로/ 마중하는 걸음〉으로 마중 나가 모시고 싶은 사람, 〈살짝이 왔다 가시어도/ 당신 인품의 향기 남아〉있어 언제나 가슴을 따뜻하게 해 주는 사람이다. 이러한 사랑의 대상에 대한 그리움은 마음속의 불꽃이 되고 병이 되기도 한다. 불같은 그리움은 체험의 깊이와 열정의 말로 드러난다. 화자의 따스한 음성과 부드러운 정감은 꽃으로 환하게 피어난다.

푸른 호수를 바라보니
그리운 마음이 꿈틀거려
낯설 움도 푸른 물빛 속에
정겨운 호수로 변해 간다

비를 맞고 비바람 불어
가랑잎 마디마디마다
이슬 머금어도
가을바람에 한들한들  풀잎에 젖는다.

너를 향한 그리움
호수 위에 넘쳐흘러
수정같이 맑은 그대 눈망울처럼
너를 향한 그리움은 보고 품으로 변하여도

세상에 벗겨지는 가면의 탈은
그대에게 느껴지는
촉촉한 그리움에 대한 내 마음일 뿐
그대 향한 그리움은
저 푸른 호수 밑으로 흘려보낸다. 〔그대 그리움으로〕전문

푸른 호수를 바라보고 있으면 그리운 마음은 〈비를 맞고 비바람 불어/ 가랑잎
마디마디마다/ 이슬 머금어도/ 가을바람에 한들한들 풀잎〉흩날리며, 이렇게 너를 향한 그리움은 보고픔으로 전이된다.

햇살 좋은 아침 나
사랑하는 그대를 바라보며
세상에 비친 그대의 빛깔은
온 세상을 푸르고
싱싱한 초록빛으로 물들이고 있어
부푼 가슴을 안고 나는 그대 곁으로 달려갑니다

상쾌한 아침 공기
가슴 가득 담아
조용하고 아득한 숲 속으로 그대의 향기 마시려
내 마음은 나비가 되어
훨훨 그대 머무는 곳으로 날라 가고 싶어요

자연이 좋아서 자유롭게 넘나드는 새가 되어
그대가 숨을 쉬는 녹색의 낙원으로
훨훨 날아
그대가 숨 쉬는 푸른 동산에

영원히 잠들고 싶습니다. 〔너와 나〕전문

화자는 〈세상에 비친 그대의 빛깔〉을 품고〈온 세상을 푸르고/ 싱싱한 초록빛으로 물들이고 있어/ 부푼 가슴 안고〉달려가며 〈한 방울 빗물이 나에게 생명처럼〉
〔단비2〕전율한다. 그리고 화자는〈조용하고 아득한 숲 속으로/ 그대 향기 마시려〉 나비가 되어〈훨훨 그대 머무는 곳〉으로 날아가고 싶고 새가 되어 〈그대가 숨 을 쉬는 녹색의 낙원으로/ 훨훨 날아/ 그대가 숨 쉬는 푸른 동산〉에 영원히 잠들고 싶다고 고백한다. 이러한 고백은 영혼을 움직이게 한다.

구름 낀 찌푸린 하늘
한줄기 눈물을 쏟아 내릴 듯
오만상의 얼굴로 땅의 진리를 원망하며

처진 어깨 가냘픈 몸뚱어리
한 번 보고 싶어도 볼 수 없는
시간 속의 묶인 내 영혼을

꽃잎처럼 향긋한
당신 미소 머무는 곳으로
쪽배에 태워

속세에 찌든 내 영혼을
아주 저 멀리 띄워 봅니다

그대 오신 발걸음에
내 마음 풍선을 달고
당신 위해 심어 놓은
그 꽃길 가시는 걸음마다
나를 잊지 마시고
봄바람처럼 따뜻한 사랑
마음 속 깊이 심어 놓으리다. 〔내 마음 속에 슬픈 영혼〕전문

바람을 만나면 파도가 더 높아진다. 영혼을 말하는 자리도 이와 다르지 않다. "인디언들은 말을 타고 달리다가/ 영혼이 뒤따라오지 않을까봐 잠시 쉰다. 이야기" 공광규〔뒤돌아보는 저녁〕에서 보이듯 시간이 영혼 안에 있다. 영혼은 시간을 품고 있다.

그래서 영혼은 자기 일관성과 전 체감(feeling of sameness and continuity of self)으로서 이러한 영혼이 화자에게는 자유롭지 않다. 〈처진 어깨 가냘픈 몸뚱이/ 한 번 보고 싶어도 볼 수 없는/ 시간 속의 묶인 내 영혼을〉 드러내는 행간 속에서 영혼은 변화하는 주체로서의 자기 동일성을 가능하게 하는 시간 속에 묶여 있다.

그래서 화자는 〈꽃잎처럼 향긋한/ 당신 미소 머무는 곳으로/ 속세에 찌든 영혼〉을 아주 먼 곳으로 보내려고 한다. 〈봄바람처럼 따뜻한 사랑〉을 만날 수 있기 때문이다. 그런데 생기 있는 시는 자연과 삶의 터전, 생명의 텃밭에서 가능해진다.
기장 부둣가를 들어서면 풍어를 노래하는
줄이는 고깃배

전열등 주렁주렁 매달린
비린내 진동을 하는
멸치잡이 고깃배엔
삶의 향기가 묻어나는 곳

어엿이 어여차
리듬에 맞추어
잡힌 멸치 털어내는 희망의 소리

흥겹게 작업하는
검게 그을린 얼굴
어부들 춤사위엔 생기가 넘치고

팔팔 뛰는
은색  멸치 떼 춤사위는

어부들 언 손과 가슴을 녹인다. 〔기장 부둣가〕전문

화자는 삶의 현장인 부둣가에 나와서 생기를 되찾는다. 부둣가는 〈삶의 향기가 묻어나는 곳〉이며 〈어엿이 어여차/ 리듬에 맞추어/ 잡힌 멸치 털어내는 희망의
소리〉 가득한 생활의 활기가 넘치는 장소이다.
또한 화자는 생명의 젖이 감도는 농촌친구를 찾아 만나려 한다. 농경 사회는 복잡한 계산이 없다. 여기 사는 친구의 영혼은 작은 빗방울에도 파르르 떠는 풀빛이다.

새벽안개에 걷히면 날마다
달려가는 삼감에 자리하고 있는 생명 텃밭
갖은 채소와 약초들이 군락지를 조성하여
친구의 마음을 사로잡은 생명텃밭
갖은 채소와 약초들이 군락지를 조성하여
친구의 마음을 사로잡은 생명텃밭

눈으로 바라보니
감탄이 절로 나오는 생명텃밭의 모습
밤새도록 이슬비가 촉촉이 내려
푸른 잎사귀들의 생기 넘치는 모습에
젊음이 느껴지는 사람과 식물의 교감

농부 친구의 농촌 사랑이 있는 생명텃밭

바라만 보아도 느낄 수 있는
생명의 소중함을 배운다. 〔농부친구〕전문

〈갖은 채소와 약초들이 군락지를 조성하여/ 친구의 마음을 사로잡은 생명텃밭〉에 있는 화자는 친구와 숱한 이야기를 나는 생명 텃밭인 농촌에서 〈바라만 보아도 느낄 수/ 생명의 잃어버린 그 소중함〉을 터득한다. 그 곳은 결코 훼손될 수 없는 인간 본연의 고향이며 우리가 잃어버린 영혼이 남아 있는 처소이다.

한 마디 말은 몸의 바탕이고 삶의 반려이며 도반이다. 그 말이 없으면 우리의 몸은 무엇을 바라는지 알 수 없다. 우리는 그 말을 통해 욕망을 발산하고, 말은 삶에 내재한 모든 것을 받아들인다. 이러한 생명이 되는 말을 섬기는 시인은 시로써 삶의 근거와 미래를 만들어 내지 않으면 높은 미적 가치로서 자리 잡지 못하고 빈번하게 시로부터 이완되거나 소외되기 쉽다. 이러한 시에는 무슨 근사한 게 있는 게 아니라 우리의 삶에 대한 사랑 외에는 아무 것도 없다. 유진숙의 시와 자신의 내면에 대해 자주 고해하는 것 가운데 유독 많이 눈에 들어오는 것은 사랑이라는 말이다.
삶에 대한 따뜻한 눈길과 심미적 감수성을 수반한 그 사랑은 자연과 인간, 삶의 현장으로 파급되어 선연히 드러나 있다.

# 내 가슴에 머물 그대

인쇄일_ 2014년 3월 16일
발행일_ 2014년 3월 21일

지은이_ 유진숙
펴낸이_ 최경식
펴낸곳_ 도서출판 청옥문학사
기획처_문화마을

등록번호_제10-11-05
사무실_부산시 동래구 명륜로 203-6
(금강빌딩B2층)
전화: 051-517-6068
E-mail_kyu500@hanmail.net(출판사)

ISBN 978-89-97805-21-1

값: 10,000

잘못 만들어진 책은 본사나 서점에서 바꾸어
드립니다.

칠백의 총 입구

양산복지센터

2013년 양산 물안뜰 마을 상여소리 행사장 시낭송

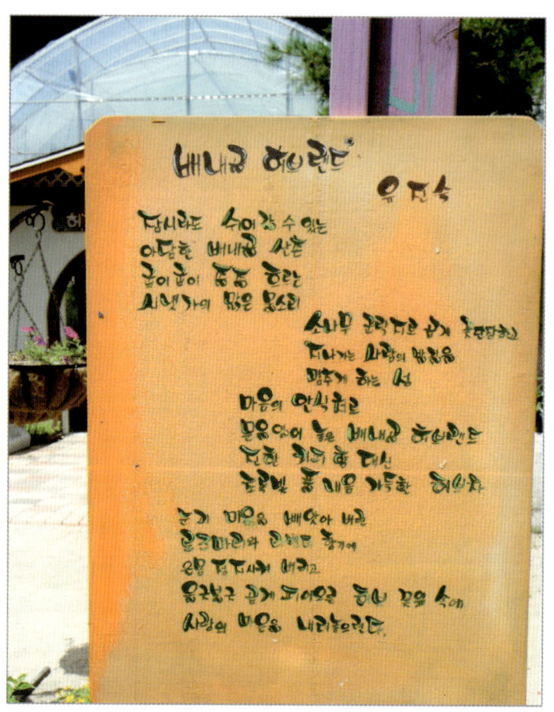

양산 배내골 허브랜드 시화